MAÎTRE ECKHART

L'amour nous fait devenir ce que nous aimons

et autres sermons

Traduction et postface par
Jérôme Vérain

Couverture de
Olivier Fontvieille

ÉDITIONS MILLE ET UNE NUITS

MAÎTRE ECKHART
n° 292

Texte intégral
des Sermons 5a, 6, 28, 32

Notre adresse Internet : www.1001nuits.com

ISBN : 2-84205-489-X

Sommaire

MAÎTRE ECKHART

L'amour nous fait devenir ce que nous aimons

et autres sermons

L'amour nous fait devenir ce que nous aimons[1]

In hoc apparuit caritas dei in nobis, quoniam
filium suum unigenitum misit deus in mundum
ut vivamus per eum.

(saint Jean, *Épîtres* I-IV, 9)

Saint Jean nous dit : « L'amour de Dieu pour nous s'est manifesté en ceci, qu'il a envoyé son Fils [unique] dans le monde, pour que nous vivions par lui » et avec lui ; ainsi notre condition humaine a-t-elle été élevée au-delà de toute mesure, puisque le Très-Haut est venu parmi nous et a adopté forme humaine.

Un maître nous dit : « Quand je pense que notre nature a surpassé les autres créatures, qu'elle siège dans les cieux au-dessus des anges, qu'elle y est adorée d'eux, je ne peux que me réjouir, au plus profond de mon cœur, que Jésus-Christ, mon doux seigneur, m'ait donné en propre tout ce qui lui appartient. »[2] Il dit aussi : « Tout ce que le Père a accordé à son Fils Jésus-Christ en tant qu'être humain, c'est en pensant à moi qu'il le lui a accordé ; il m'a aimé plus que lui, c'est à moi qu'il l'a accordé plus qu'à lui. » Qu'est-ce à dire ? C'est à mon intention qu'il le lui a accordé, c'est moi qui en avais besoin. *Voilà pourquoi, en le lui donnant, c'est moi qu'il avait en vue, et il me le donnait autant qu'à lui ; je n'excepte de ce don ni l'unité ni la sainteté divines, ni quoi que ce soit*[3]. Rien de ce qu'il lui a accordé en tant qu'être humain ne m'est plus étranger ni moins accessible qu'à lui ; car Dieu ne saurait donner peu : ou bien il donne tout, ou bien il ne donne rien. Ses dons sont d'une absolue simplicité, d'une perfection qui ne souffre aucune division ; ils sont hors du temps, éternels. J'en suis aussi certain que je suis certain de vivre. Pour accueillir ce qu'il nous accorde, il nous faut être dans l'éternité, il nous faut surpasser le temps. Dans l'éternité, toute chose nous est présente : ce qui est au-dessus de moi m'est aussi proche et présent que ce qui est à côté de moi ; c'est là que nous recevons de Dieu ce que nous devons recevoir de lui. Dieu ne reconnaît rien en dehors de lui, son regard n'est dirigé que sur lui-même. Tout ce qu'il voit, il le voit en lui. Dieu ne nous voit donc pas, quand nous sommes plongés dans le péché.

C'est pourquoi, tant que nous sommes en lui, il nous connaît ; je veux dire : tant que nous nous éloignons du péché.

Tout ce qu'a réalisé notre Seigneur, il me l'a donné en propre, pour que j'en reçoive le salaire comme de mes propres œuvres. Mais puisque toute sa noblesse nous appartient, aussi proche qu'à lui-même, pourquoi donc ce que nous recevons n'est-il jamais identique ? Ah, comprenez-moi bien ! Toi qui veux profiter de cette largesse (recevoir ce don que tous les êtres humains reçoivent indifféremment, conformément à leur nature), il te faut, puisqu'il n'y a rien dans la nature humaine d'étranger, ni de lointain, ni de proche, te comporter de la même manière dans la société humaine. Aussi proche de tout autre que de toi-même, tu dois aimer, respecter, estimer tous les hommes autant que toi-même : ce qui arrive à l'autre, en bien ou en mal, tu dois faire comme si cela t'arrivait à toi-même.

Mais il y a un second sens à cette parole : « Il l'envoya dans le monde. » Nous voulons y voir le monde supérieur, celui où se trouvent les anges. Comment devons-nous y être ? Avec tout notre amour, toutes nos aspirations, comme le dit saint Augustin : « L'amour nous fait devenir ce que nous aimons. » [4] Devons-nous dire à présent : quand l'homme aime Dieu, il devient Dieu ? Voilà qui sonne hérétique. Dans l'amour que prodigue un homme, il n'y a pas Deux, mais Un et Union : aussi, par l'amour, suis-je plus Dieu que je ne le suis en moi-même. Écoutons le Prophète : « Je vous le dis, vous êtes des Dieux, des enfants du Très-Haut. » (*Psaumes*, 82, 6). Voilà qui sonne étrangement : que l'homme puisse devenir Dieu par l'amour ; c'est pourtant la vérité, une vérité éternelle. Notre seigneur Jésus-Christ le montre.

« Il l'envoya dans le monde. » *Mundum* a aussi le sens de « pur ». Prenez garde à ceci : Dieu n'a pas de séjour plus approprié qu'un cœur pur, une âme pure ; c'est là que le Père engendre son Fils, comme il l'engendre dans l'éternité ; ni plus, ni moins. Qu'est-ce qu'un cœur pur ? Est pur ce qui se sépare et s'isole de toutes les créatures ; *toutes les créatures souillent, car elles sont un néant* ; or le néant est le manque, qui souille l'âme. Toutes les créatures sont un pur néant, ni les créatures ni les anges ne sont quoi que ce soit. Elles ont… et *elles souillent, pétries qu'elles sont de néant ; elles ne sont, n'ont jamais été que néant* [5]. Ce qui leur répugne et leur donne de l'aversion, c'est le néant. Si je posais dans ma main un charbon ardent, j'en ressentirais de la douleur. Cela ne vient que du « néant », et si nous étions affranchis du « néant », nous ne serions plus impurs.

Et aussi : « Nous vivons par lui » et avec lui. Il n'y a rien que l'on désire autant que vivre. Qu'est-ce que vivre ? C'est être mû de l'intérieur, par sa propre impulsion. Ce qui est mû de l'extérieur ne vit pas. Si nous vivons avec lui, nous devons œuvrer [6] avec lui, de l'intérieur, et non de l'extérieur ; c'est cela qui doit nous mouvoir : l'endroit où nous vivons ; c'est-à-dire à travers lui. Nous pouvons et nous devons œuvrer par nos propres forces, de l'intérieur. Nous devons vivre en lui, à travers lui ; il doit être ce qui nous est propre, nous devons œuvrer selon ce qui nous est propre ; de même que Dieu met en œuvre toute chose selon ce qui lui est propre, par lui seul, nous devons agir selon ce qui nous est propre, c'est-à-dire lui en nous. Il est en tout ce qui nous est propre, et toute chose nous appartient en lui. Tout ce que possèdent les anges, les saints et Notre Dame, cela m'appartient en lui et ne m'est ni plus étranger ni plus lointain que ce que je possède en propre. Toutes choses m'appartiennent également en lui ; et pour que nous puissions arriver à cette possession de toutes choses en lui, comme si elles étaient nôtres, nous devons le prendre indifféremment en toute chose, sans en privilégier aucune : car il est en toutes choses.

Il est des gens qui aiment Dieu d'*une* certaine façon [7], à l'exclusion des autres ; ils veulent le gagner par *une* des façons de s'abandonner à lui, pas par les autres. Grand bien leur fasse, mais c'est une erreur complète. Qui veut prendre Dieu comme il faut doit le prendre indifféremment en toute chose, dans l'affliction comme dans la prospérité, dans les pleurs comme dans la joie ; il doit être partout pour toi. Crois-tu, parce que (sans l'avoir mérité par quelque péché mortel que tu aurais commis) tu perds le recueillement et la gravité, et précisément parce que tu les as perdus, que tu perds Dieu ? et que la douleur que tu en éprouves peut te servir de recueillement et de gravité ? Vous ne devez vous en remettre à aucune voie particulière pour trouver Dieu : il n'est pas plus dans l'une que dans l'autre. Ceux qui en privilégient une lui font tort. Ils ont la voie, il n'ont pas Dieu. Tenez-vous en à ceci : n'ayez en vue que Dieu, ne cherchez que lui. Réjouissez-vous des voies qui se présentent, quelles qu'elles soient. Vous ne devez avoir que Dieu en vue, et rien d'autre. Que cela vous soit agréable ou non, là est le bien ; sachez que toute autre voie est erronée. C'est jouer à cache-cache avec Dieu que de chercher tant de voies vers lui. Que ce soient les larmes, les soupirs ou le reste : rien de tout cela n'est Dieu. Qu'une voie se présente, empruntez-la et réjouissez-vous ; qu'elle ne se présente pas, réjouissez-vous encore, et prenez ce que Dieu vous envoie pour l'heure ; restez constamment dans l'anéantissement accepté, dans l'humiliation ; n'oubliez jamais que vous êtes indignes de quelque bienfait qu'il plairait à Dieu de vous accorder, s'il le voulait. Saint Jean utilise le mot juste, quand il écrit : « L'amour de Dieu nous est octroyé. » Si nous étions ainsi, ses bienfaits nous seraient octroyés. S'ils nous restent cachés, la faute nous en incombe. C'est nous qui nous créons nos propres traverses. Garde-toi de toi-même, et tu auras bien gardé.

Voici que nous refusons ce pour quoi il nous a élus ; en le refusant, nous ne pouvons que nous en repentir, et encourir de sévères reproches. Si nous ne saisissons pas le don là où il est prodigué, ce n'est pas à Dieu que nous devons nous en prendre, mais à nous-mêmes.

Les justes [1]

Justi autem in perpetuum vivent et apud domum est
merces eorum.

(*Sagesse*, V, 15)

« Les Justes vivront éternellement, et leur
salaire sera auprès de Dieu. » Prenez bien garde
au sens de ces mots ; malgré leur simplicité et
leur portée générale, ils sont remarquables, et
parfaitement justes.

« Les Justes vivront. » De quels justes s'agit-
il ? Un texte nous dit : « Juste est celui qui
donne à chacun ce qui lui revient. » [2] Donc : qui
donne à Dieu ce qui lui revient, aux saints et
aux anges ce qui leur revient, au prochain ce
qui lui revient.

La part de Dieu, c'est la *gloire*. Quels sont
ceux qui glorifient Dieu ? Ceux qui sont totalement sortis d'eux-mêmes, ne recherchent leur
intérêt absolument en aucune chose, quelle
qu'elle soit, grande ou petite, qui ne considè-
rent ni ce qui est au-dessous d'eux, ni au-dessus

d'eux, ni à côté d'eux, ni près d'eux, *qui ne visent ni le bien, ni l'honneur, ni l'agrément, ni le plaisir, ni l'utilité, ni la ferveur, ni la sainteté, ni le salaire, ni le royaume des cieux ; ceux qui se sont dépouillés de tout cela, de tous leurs intérêts, ceux-là glorifient Dieu* [3] au bon sens du terme, et lui donnent ce qui lui revient.

La part des anges et des saints est la *joie*. Ô, merveille des merveilles ! Comment un homme qui vit la vie terrestre pourrait-il donner la joie à ceux qui vivent une vie éternelle ? C'est pourtant la pure vérité ! Les saints éprouvent un plaisir si grand, une joie si indicible en voyant les bonnes actions de chacun, ils ont tant de joie quand notre volonté et notre désir s'attachent à ce qu'il faut, qu'aucune bouche ne saurait exprimer, ni aucun cœur ressentir cette joie immense qui est alors la leur. Et pourquoi donc ? Parce qu'ils aiment Dieu si loin de toute mesure, et d'un amour si juste, que sa gloire leur importe plus que leur béatitude. Ce ne sont pas seulement les saints et les anges, c'est Dieu lui-même qui en a autant de plaisir que si sa propre béatitude, son être, sa satisfaction et son aise en dépendaient. Soyez attentifs à ceci : quand bien même nous ne voudrions servir Dieu que pour ce seul motif – la joie immense que nous donnons à ceux qui vivent éternellement, et à Dieu lui-même –, nous le ferions volontiers et avec tout notre zèle. Il faut aussi venir en aide à ceux qui sont au purgatoire, leur donner ce qu'ils réclament.

Voilà l'une des façons d'être juste ; en un autre sens, sont justes ceux qui acceptent toutes choses de Dieu d'un cœur égal, quelles qu'elles soient, grandes ou petites ; qu'elles soient amour ou douleur, ils les admettent également, ni plus ni moins, l'une autant que l'autre. Donner à l'une plus de poids qu'à l'autre serait une erreur. Tu dois te dépouiller de ta volonté même.

Il m'est venu récemment une pensée : si Dieu ne voulait pas ce que je veux, je voudrais ce qu'il veut. Bien des gens veulent, en toute chose, suivre leur volonté propre ; mais ce n'est là que méchanceté, et source de vice. D'autres sont un peu meilleurs : ils veulent ce que Dieu veut, et ne veulent rien contre lui ; mais viennent-ils à être malades, ils souhaitent que la volonté de Dieu soit leur guérison. De tels hommes préféreraient que la volonté de Dieu fût la leur, plutôt que de vouloir ce qu'il veut. On peut comprendre cette attitude, mais elle n'est pas juste. Les véritables justes n'ont pas de volonté du tout : la volonté de Dieu leur est indifférente, quel qu'en soit le désagrément pour eux.

Les hommes justes prennent tellement la justice au sérieux que si Dieu même se montrait injuste, ils se soucieraient de lui comme d'un haricot ; ils se tiennent si fermement dans la voie de la justice et se sont si radicalement dépouillés d'eux-mêmes qu'ils ne font cas ni des douleurs de l'enfer, ni des joies du royaume céleste. J'y insiste : ces douleurs qu'endurent les condamnés aux enfers, hommes ou diables, ou toute douleur soufferte ou à souffrir sur terre, ils n'en feraient pas le moindre cas, pourvu qu'elles découlent de la justice, tant ils se tiennent fermement du côté de Dieu et de la justice. Rien n'est plus douloureux ni plus pénible pour l'homme juste que ce qui va à l'encontre de la justice : c'est-à-dire qu'il ne soit plus lui-même en toute occasion.

Qu'est-ce à dire ? Si une chose réjouit les hommes tandis qu'une autre les attriste, c'est qu'ils ne sont pas justes. Bien plus : quand on connaît la joie à un moment, on la connaît pour toujours, et s'ils sont plus joyeux à certains moments et moins à d'autres, c'est qu'ils sont injustes. Celui qui aime la justice se tient si fermement à ce principe que ce qu'il aime se confond avec son être ; rien ne peut plus l'en séparer, et il ne tient plus compte de rien d'autre. Écoutons saint Augustin : « L'âme est elle-même quand elle aime, bien plus que quand elle donne la vie. » [4] Notre texte du jour paraît simple et de portée générale ; presque personne, pourtant, ne comprend tout ce qu'il comporte, bien qu'il soit véridique. Celui qui comprend ces définitions de la justice et des justes, celui-là comprend tout ce que je dis.

« Les justes vivront… » Il n'y a rien que l'on aime et que l'on désire autant que la vie. Aucune vie n'est assez calamiteuse ou assez pénible pour que l'homme n'en veuille plus. Un texte nous dit : « Plus on est près de la mort, et plus on souffre. » [5] De toute évidence, même quand la vie est une calamité, on veut encore vivre. Pourquoi manges-tu ? pourquoi dors-tu ? pour vivre ! Pourquoi poursuis-tu le bien, ou la

gloire ? Tu le sais très bien. Mais alors : pourquoi vis-tu ? Par volonté de vivre, mais tu ne sais
pourquoi tu vis. La vie est en soi si désirable
qu'on la désire pour elle-même. Même ceux qui
sont aux enfers, en proie à d'affreuses douleurs,
ne voudraient pas y renoncer, ni les diables ni
les âmes, car la vie en eux est noble, et coule [6]
directement de Dieu en leur âme. Et c'est parce
qu'elle émane directement de Dieu qu'ils veulent vivre. Qu'est-ce que la vie ? Ma vie est l'être
de Dieu. Et puisque ma vie est l'être de Dieu,
l'être de Dieu est le mien, l'essence de Dieu est
la mienne, ni plus ni moins.

Les justes vivent éternellement « auprès de
Dieu » : c'est-à-dire *aux côtés* de Dieu, ni au-
dessous ni au-dessus de lui. Ils réalisent leurs
œuvres aux côtés de Dieu, et Dieu les siennes à
leurs côtés. Écoutons saint Jean : « Le Verbe
était auprès de Dieu. » [7] Il lui était donc rigou-
reusement égal et semblable, à ses côtés, non
au-dessous ni au-dessus : égal et semblable.
Quand Dieu créa l'homme, il créa la femme en
la tirant de la côte d'Adam, pour qu'elle lui soit
égale et semblable. Il ne la créa pas à partir de
la tête ou des pieds d'Adam, afin qu'elle ne lui

soit ni supérieure ni inférieure : il la voulut égale et semblable. De même, l'âme juste se tient auprès de Dieu, à côté de lui, égale et semblable à lui, ni inférieure ni supérieure.

Quelles sont ces âmes ainsi égales et semblables à Dieu? Égales et semblables à Dieu seulement, et à rien d'autre? L'essence divine ne se compare à rien, elle n'a ni figure ni forme. Aux âmes qui lui sont ainsi semblables et égales, le Père donne sa semblance, et ne leur ôte rien. Tout ce dont est capable le Père, il le donne à une telle âme, sur un pied d'égalité, à condition qu'elle ne ressemble pas plus à elle-même qu'à une autre, qu'elle ne soit pas plus proche d'elle-même que d'une autre. Sa propre gloire, son propre intérêt, tout ce qu'elle a en propre, elle ne doit pas plus le désirer ou en faire cas qu'à propos d'un étranger. Rien de ce qui est à quelqu'un en propre ne doit t'être étranger ou lointain, que ce soit bon ou mauvais. Tout l'amour de ce monde est fondé sur l'amour propre. Si tu y renonces, tu renonces au monde entier.

Le Père engendre son Fils dans l'éternité, égal et semblable à lui. « Le Verbe était auprès de Dieu, et Dieu était le Verbe » : il était le même, et de même nature. J'ajoute ceci : il l'a engendré à partir de mon âme. Elle n'est pas seulement près de lui et lui près d'elle, semblables et égaux : il est en elle ; le Père engendre son Fils dans l'âme exactement de la même manière qu'il l'engendre dans l'éternité, et pas autrement. Il y est contraint, que cela lui plaise ou non. Le Père engendre son Fils sans cesse, et je dis plus : il m'engendre comme son Fils, le même Fils. Je dis encore plus : il ne m'engendre pas seulement comme son fils, mais il m'engendre en tant que lui-même, il s'engendre en moi, il m'engendre en tant que son être et sa nature. À la source la plus profonde, je sourds dans l'Esprit Saint ; là n'est plus qu'une vie, qu'un être, qu'une œuvre. *Tout ce que Dieu met en œuvre est unité. C'est pourquoi il m'engendre en tant que son Fils, sans restriction.* Mon père charnel n'est pas vraiment mon père, il ne l'est que par une portion infime de sa nature, et je suis distinct de lui : s'il meurt, je peux vivre encore. À la vérité, mon père est le Père céleste, puisque je suis son Fils et n'ai rien qui ne vienne de lui ; je suis son Fils en personne, et nul d'autre. *L'œuvre du Père est une, et je suis son œuvre, le Fils unique qu'il a engendré, sans restriction.* [8]

« *Nous sommes totalement transformés et changés en Dieu.* » [9] *Prenons une métaphore. Lorsque, dans le sacrement, le pain se change en la chair de Notre Seigneur, quel que soit le nombre des osties, il n'y a qu'*une *chair*, et si toutes se transformaient en mon doigt, il n'y aurait qu'*un doigt. À l'inverse, si mon doigt prenait la forme des osties, il y aurait autant de doigts que d'osties. Ce qui se change en autre chose ne fait plus qu'un avec elle. De même, si je suis changé en Dieu, *s'il me fait son être, je ne fais plus qu'un avec lui, et ne lui suis pas seulement* « *semblable et égal* » [10]. Tant il est vrai qu'auprès du Dieu vivant, il n'y a plus la moindre séparation. Le Père engendre son Fils sans cesse. Une fois qu'il est né, celui-ci n'emprunte plus rien au Père, puisqu'il possède tout ; c'est seulement au moment où il est engendré qu'il lui emprunte. Il découle de cela que nous ne devons rien réclamer à Dieu comme on le ferait à un étranger. Notre Seigneur disait à ses disciples : « Je ne vous ai pas appelés mes serviteurs, mais mes amis. » [11] Celui qui réclame à l'autre est un « serviteur », et celui qui octroie est le « maître ». *Je me demandais l'autre jour si je voulais recevoir quelque chose de Dieu ou le lui réclamer. Je dois être lucide sur ce point : si j'acceptais quelque chose de Dieu, je tiendrais le rôle du « serviteur » ; et lui, en me le donnant, celui du « maître ». Est-ce cela que représente pour nous la vie éternelle ?*[12]

Je disais un jour, ici même, ce qui est tout aussi vrai : quand un homme désire ou accepte quelque chose hors de lui-même, il ne se conduit pas en juste. On ne doit pas considérer ni envisager Dieu comme étant à l'extérieur de nous-mêmes, mais comme ce qui nous est propre, comme ce qui nous est le plus *intime*. Voilà pourquoi nous ne devons ni servir ni œuvrer selon un « parce que » quelconque, pas plus Dieu que la gloire, ni quoi que ce soit qui nous soit extérieur, mais uniquement nous attacher à ce qui est notre être et notre vie propres. Beaucoup de gens s'imaginent, naïvement, qu'ils doivent « voir » Dieu : lui se tiendrait là, et eux ici. Mais il n'en est pas ainsi. Dieu et moi sommes *un*. Par la connaissance, je l'accueille en moi ; par l'amour, c'est moi qui entre en lui.

Beaucoup disent que la béatitude ne procède pas de la connaissance, mais de la volonté et d'elle seule [13]. Ils ont tort : si la béatitude ne tenait qu'à la volonté, elle ne serait pas *une*. Or, œuvrer et devenir, c'est une seule et même chose. Que le charpentier cesse d'œuvrer, et rien ne devient maison. Que la hache se repose, et le devenir se repose aussi. Dieu et moi sommes *un* : il œuvre, je deviens. Le feu transforme en lui ce qu'on y plonge, il lui donne sa nature. Ce n'est pas le bois qui transforme le feu en bois, mais bien le feu qui transforme le bois en feu. De même sommes-nous transformés en Dieu, et nous devenons capables de le connaître, tel qu'il est (Jean, *Épîtres*, I ; III, 2). Écoutons saint Paul : « C'est ainsi que nous le connaîtrons : je le connaîtrai, comme il me connaît, d'une connaissance juste, ni plus ni moins, sur un pied d'égalité. » [14] Les justes vivront éternellement, et leur salaire sera auprès de Dieu : car ils seront ses semblables.

Que Dieu nous aide à rechercher la justice pour elle-même, à aimer Dieu sans « parce que ». Amen.

L'Innommable [1]

Ego elegi vos de mundo…
(*Évangile selon saint Jean*, XV, 16)

Ces mots que j'ai lus en latin, on les trouve dans le saint Évangile de ce jour, où nous honorons un saint du nom de Barnabé. Le texte dit tout simplement qu'il fut un apôtre. Écoutons notre Seigneur : « Je vous ai fait venir à moi, je vous ai choisis dans le monde entier, je vous ai élus parmi tous les êtres créés, pour que vous viennent fruits abondants, et que ces fruits vous demeurent. »[2] Bienheureux celui à qui viennent beaucoup de fruits, et qui les conserve. Il conserve ses fruits, celui qui demeure et habite dans l'amour. À la fin de cet évangile, Notre Seigneur dit encore : « Aimez-vous les uns les autres, comme je vous ai aimés de toute éternité ; je vous ai aimés comme mon Père m'a aimé, de toute éternité. Respectez mes commandements, et vous conserverez mon amour. »[3]

Tous les commandements de Dieu viennent de son amour et de la bonté de sa nature ; s'ils ne venaient pas de son amour, ce ne seraient pas des commandements de Dieu ; un commandement de Dieu *est* la bonté de sa nature, et sa nature est la bonté qu'exprime son commandement. Qui habite dans la bonté de sa nature habite dans l'amour de Dieu ; et l'amour ignore les « parce que ». Si j'avais un ami et que je l'aime pour les bienfaits qu'il peut me procurer, selon mon bon vouloir, ce n'est pas mon ami que j'aimerais, mais moi-même. Je dois aimer mon ami pour les bienfaits qu'il lui plaît de m'accorder, pour ses vertus propres : pour cela et pour rien d'autre que ce qui lui appartient. Cette façon d'aimer mon ami, que je viens d'évoquer, est la seule juste. Il en va de même pour l'homme qui se tient dans l'amour de Dieu, qui ne cherche rien pour lui-même ni en Dieu, ni en lui-même, ni en quoi que ce soit, mais qui n'aime que Dieu, pour les bienfaits qu'il lui plaît d'accorder, pour la bonté de sa nature, pour cela et pour rien d'autre que ce qui lui appartient ; c'est là le *seul* amour juste. L'amour des vertus est une fleur, un ornement, la mère des vertus, de toute plénitude et de toute béatitude ; car elle est Dieu, c'est là que Dieu est le fruit des vertus. Dieu fait fructifier toute vertu, il est le fruit des vertus, et c'est *ce* fruit qui *demeure* à l'homme. Heureux l'homme qui œuvre pour obtenir un fruit, et qui conserve ce fruit. C'est comme si le propriétaire d'un vignoble ou d'un champ le laissait à son serviteur pour qu'il le cultive et en conserve les fruits, et lui donnait en outre tout ce dont il a besoin pour le cultiver : le serviteur serait bien heureux que lui demeurent ainsi des fruits pour lesquels il n'a rien eu à investir lui-même. De même est bienheureux celui qui habite dans le fruit des vertus ; car il ne connaît ni chagrin, ni trouble, celui qui a renoncé à toute chose et à lui-même.

Écoutons notre Seigneur : « Celui qui a abandonné quelque chose pour moi et en mon nom, je veux lui rendre au centuple, avec en plus la vie éternelle. » [4] Mais si tu le fais *pour* être remboursé au centuple et *pour* la vie éternelle, tu n'as *rien* abandonné ; non, quand bien même tu espèrerais mille fois ta mise, tu n'as rien abandonné ; c'est à toi-même qu'il faut renoncer, sans aucune restriction : c'est alors que tu renonces à bon escient. Un homme, il y a peu, est venu me trouver ; il avait abandonné, me dit-il, de considérables richesses avec le dessein et le motif de sauver son âme. Ah, ai-je pensé, combien peu représente ce que tu as abandonné ! Il n'y a là que sottise, de quelque manière qu'on envisage ton sacrifice. Si tu veux renoncer, c'est à toi qu'il faut renoncer. L'homme qui a renoncé à lui-même atteint une telle complétude que le monde ne peut le supporter.

Je disais ici, il y a peu : « Celui qui aime la justice, celui dont la justice s'empare et se saisit, il *est* la justice. » [5] J'ai écrit une fois dans mon livre : « L'homme juste ne *sert* ni Dieu ni les créatures, car il est libre ; plus il se rapproche de la justice, plus il est la liberté même, plus il est la liberté. » Rien de ce qui est créé n'est libre. Tant que quelque chose est au-dessus de moi, qui n'est pas Dieu lui-même, cela m'opprime, si petit cela soit-il et quoi que ce soit, quand bien même ce serait la raison ou l'amour : du moment qu'il s'agit de créer, et non de Dieu lui-même, cela m'opprime, comme étranger à la liberté. L'homme qui *sert* la vérité, que cela lui plaise ou non, est injuste : il sert le monde et toutes ses créatures, il est un serviteur du péché !

Il m'est venu un jour, il y a peu, une pensée : le fait d'être homme, je l'ai en commun avec d'autres hommes ; le fait de voir, d'entendre, de manger et de boire, je l'ai en commun avec le bétail ; mais être ce que je suis, je ne l'ai en commun avec aucun autre homme : avec aucun autre homme, avec aucun ange ni avec Dieu, sinon dans la mesure où je suis *un* avec lui, dans la complétude et l'unicité. Dieu n'œuvre que dans l'*Un*, qui est son être même. Dieu donne toutes choses égales, et pourtant elles sont inégales dans leurs œuvres ; mais elles s'efforcent, dans ces œuvres, d'atteindre ce qui est le propre de leur être. La nature a opéré dans mon Père l'œuvre de la nature. Son dessein était que je devienne père, comme lui : il opère toutes ses œuvres par désir de ce qui soit égal et semblable à lui, à son image, pour être lui-même son œuvre : c'est son dessein permanent à propos de l'homme. Simplement, lorsque la nature s'égare ou est entravée dans ses œuvres, et n'y opère pas

avec toute sa puissance, c'est une femme qui survient ; mais là où la nature renonce à ses œuvres,
c'est Dieu qui supplée par ses œuvres et sa création : car sans femmes, il n'y aurait pas
d'hommes. Quand l'enfant est conçu dans le
ventre de la mère, il a une constitution, une
forme, une figure : c'est l'œuvre de la nature. Il
y demeure donc quarante jours et quarante
nuits ; le quarantième jour Dieu crée son âme,
le temps d'un éclair, et cette âme devient pour
le ventre forme et vie. C'est alors que l'œuvre de
la nature, tout ce en quoi elle consiste – forme,
figure, constitution – est abolie. L'œuvre de la
nature est entièrement abolie : c'est seulement
dans la mesure où elle est entièrement abolie
qu'elle se réalise pleinement dans l'âme raison-
nable. Ainsi est-ce à la fois une œuvre de la
nature *et* une création de Dieu.

Dans tout ce qui est seulement créé, comme
je l'ai dit souvent, ne réside aucune vérité. Mais
il y a quelque chose qui est *au-dessus* de l'être
créé de l'âme, que rien dans l'univers créé, ce
néant, n'atteint ; même l'ange ne l'a pas, lui qui
possède un être de pureté, de complétude et de
vastitude ; mais *cela*, il ne l'atteint pas. C'est un

mode analogue au divin, c'est l'*un* en soi, qui n'a rien de commun avec quoi que ce soit. C'est ici qu'achoppent tous ces grands clercs [6], dans cette contrée étrangère et désolée, trop innommable pour qu'on lui donne un nom, trop inconnaissable pour qu'on la connaisse. Si tu pouvais t'anéantir, le temps d'un éclair, alors, je te le dis, même pour moins que le temps d'un éclair, tu posséderais comme ton bien propre tout ce qui est en soi. Tant que tu ne te préoccupes que de toi ou de n'importe quoi d'autre, tu connais Dieu aussi peu que ma bouche connaît la couleur, ou mon œil le goût : tant tu ignores alors ce qu'est vraiment Dieu.

Mais voici que Platon, le grand clerc, se manifeste pour nous aider, prétendant traiter des grandes choses. Il parle d'une complétude qui n'est pas de ce monde, qui n'est ni *dans* le monde ni *hors* du monde, qui n'est ni dans le temps, ni dans l'éternité, qui n'a ni extérieur ni intérieur. C'est d'elle que Dieu, le Père éternel, tire la plénitude et le fondement de toute sa déité. Ce qu'il engendre ici en son Fils unique, c'est que nous soyons le même Fils, et ce qui est engendré en lui est la part immuable de son être intime, et cette part est ce qui a été engendré en lui. Ce qui sourd en lui, et reste le même, reste toujours *un*. Le mot *ego*, qui signifie « je », ne convient qu'à Dieu en son unité. *Vos* ne signifie « vous » qu'autant que vous soyez *un* dans l'unité ; d'où l'on peut tirer que les mots *ego* et *vos*, « je » et « vous », aboutissent tous à l'unité.

Que Dieu nous aide à être cette unité, et à y demeurer. Amen.

Les trois facultés de l'âme[1]

Consideravit semitas domus suæ et panem otiosa non comedit.

(*Proverbes*, XXXI, 27 [2])

Une femme de bien « a surveillé les sentiers de sa maison, et elle n'a point mangé son pain dans l'oisiveté ».

Cette « maison » désigne sans conteste l'âme, et les « sentiers » de cette maison les facultés de l'âme. Un maître [3] ancien dit que le pouvoir de l'âme est intermédiaire entre l'*Un* et le *Deux*. L'*Un* est l'éternité, qui se maintient sans cesse seule et immuable. Quant au *Deux*, c'est le temps, qui se transforme et s'altère. Il veut dire par là que l'âme, par ses facultés supérieures, participe de l'éternité, donc de Dieu; et qu'elle participe du temps par ses puissances inférieures; elle est donc soumise au changement et tend vers le corporel, y perdant sa noblesse. Si l'âme avait pu connaître Dieu intégralement, à la façon des anges, elle ne serait jamais venue dans le corps.

Si elle avait pu connaître Dieu sans le monde, le monde n'aurait jamais été créé pour elle. C'est pour elle que le monde a finalement été créé, pour que l'œil de l'âme soit exercé et fortifié, et qu'il puisse supporter la lumière divine. De même que l'éclat du soleil ne tombe pas à la surface de la Terre sans être filtré par l'air et réfléchi sur toutes choses, car l'œil humain ne pourrait le supporter tel quel, de même la lumière divine, avec sa force et sa clarté, serait intolérable à l'œil de l'âme, s'il n'était affermi, élévé et exercé, par la matière et les métaphores, à rejoindre la lumière divine.

Par ses facultés supérieures, l'âme participe de Dieu ; elle est formée selon la figure de Dieu. Dieu n'est formé que selon sa figure propre, qu'il tient de lui-même et de nul autre. Sa figure consiste en ceci qu'il se connaît parfaitement, à la différence de la lumière. Quand l'âme le rejoint par la juste connaissance, elle lui devient semblable et égale dans cette figure. Si l'on presse un sceau sur de la cire verte ou rouge, ou sur de la toile, une figure apparaît chaque fois. Mais si l'on appuie sur le sceau assez fort pour qu'aucune cire ne reste à imprimer, elle ne peut plus en être séparée et ne fait plus qu'un avec lui. De même l'âme s'unit totalement à Dieu, dans sa figure et semblance, quand elle le rejoint par la juste connaissance. Saint Augustin [4] dit que l'âme est si noble, et si supérieure à toute créature engendrée, qu'aucune des choses périssables qui doivent disparaître au Jugement Dernier ne peut parler ni œuvrer en elle sans intermédiaires ou messagers. Ceux-ci sont les yeux, les oreilles, les cinq sens : ce sont les « sentiers » par lesquels l'âme sort dans le monde, les « sentiers » par lesquels le monde revient à elle.

Un maître [5] dit que « les puissances de l'âme lui reviennent avec une puissance accrue » ; quand elles sortent, elles ne reviennent jamais sans quelque profit. C'est pourquoi l'homme doit surveiller avec soin ses yeux, afin qu'ils ne rapportent pas à l'âme ce qui pourrait lui causer dommage. Je suis convaincu de ceci : tout ce que voit l'homme de bien lui est profit. S'il voit de méchantes choses, il en remercie Dieu de l'en avoir protégé, et prie pour que Dieu ramène à lui celui en qui est le mal. S'il voit le bien, il désire que celui-ci s'accomplisse en lui.

La vue doit donc être maîtrisée de deux

manières : il s'agit d'écarter ce qui est dommageable, et de recueillir ce qui nous fait défaut. Je l'ai d'ailleurs souvent répété : ceux qui jeûnent beaucoup, veillent beaucoup et réalisent beaucoup d'œuvres, sans pour autant remédier à leurs défauts ou améliorer leur conduite – ce qui est le seul véritable progrès –, ceux-là se dupent eux-mêmes et ne font qu'amuser le Diable.

Il était une fois un homme qui possédait un hérisson : voici comment celui-ci le rendit riche. Il habitait au bord de la mer. Quand le hérisson sentait dans quelle direction tournait le vent, il contractait sa peau et hérissait ses piquants. L'homme allait alors sur la plage et disait aux marins : « Que me donnerez-vous pour que je vous montre dans quelle direction se tourne le vent ? » C'est ainsi qu'il devint riche, en vendant le vent. De même, en vérité, il s'enrichirait considérablement en vertus, celui qui examinerait ses points faibles, chercherait à les corriger, et mettrait tout son soin à les vaincre. C'est ce que sainte Élisabeth a fait, avec diligence. Elle a sagement gardé le regard fixé sur les sentiers de sa maison. C'est pourquoi « elle ne craignait pas l'hiver, car tous ses domestiques avaient double vêtement » [6]. Elle se gardait de tout ce qui pouvait lui causer un dommage ; tout ce qui lui faisait défaut, elle mettait tout son soin à s'en munir. Elle ne « mangeait pas son pain dans l'oisiveté ». Elle tournait vers Dieu les facultés supérieures de son âme.

Celles-ci sont au nombre de trois. La première est la connaissance ; la seconde, la faculté « irascible », qui tend vers le haut ; la troisième est la volonté [7].

Quand l'âme se consacre à la connaissance de la juste vérité, à cette puissance naïve par laquelle on connaît Dieu, on l'appelle « lumière ». Dieu aussi est lumière, et quand la lumière divine se répand dans l'âme, elle s'unit à lui, comme la lumière à la lumière ; c'est la lumière de la Foi, vertu cardinale. Et quand l'âme ne peut y parvenir par ses sens et par ses facultés propres, c'est la Foi qui l'y porte.

La seconde est la faculté qui tend vers le haut ; c'est là sa fonction propre. De même que c'est le propre de l'œil de voir les formes et les couleurs, et celui de l'oreille d'entendre les sons et les voix agréables, celui de l'âme est de s'élever sans cesse grâce à cette faculté ; si elle regarde à côté du chemin, elle tombe dans l'orgueil, c'est-à-dire le péché. Elle ne peut rien tolérer au-dessus d'elle. Elle ne peut même tolérer, je crois, que Dieu soit au-dessus d'elle : tant qu'il n'est pas en elle et qu'elle ne partage pas sa béatitude, elle ne connaît pas le repos. C'est par cette faculté que l'âme se saisit de Dieu, pour autant que cela est possible à une créature, et c'est en ce sens qu'on parle de l'Espérance, autre vertu cardinale. L'âme manifeste en elle tant de confiance en Dieu qu'elle ne voit rien de son être qu'elle ne puisse posséder. Salomon dit que « les eaux dérobées sont plus douces » [8]. Saint Augustin ajoute : « Les poires que je dérobais étaient plus douces que celles achetées pour moi par ma mère, précisément parce qu'on me les interdisait et qu'on les mettait sous clef. » [9] De même la grâce obtenue par un savoir laborieux et un travail assidu est-elle plus douce à l'âme que celle dont tous sont gratifiés.

La troisième faculté, la volonté intérieure, face constamment tournée vers Dieu en un vouloir divin, puise en lui l'Amour. C'est là que Dieu est attiré dans l'âme, et l'âme en Dieu ; c'est un amour divin, une autre vertu cardinale. La béatitude divine [de l'âme] repose sur trois choses, à savoir : la connaissance, la conscience que Dieu l'a saisie et la communion dans un amour parfait. Voulons-nous savoir ce qu'est le péché ? Dès qu'on se détourne de cette béatitude et de cette vertu, aussitôt le péché survient. Toute âme parfaite doit garder les yeux sur ces « sentiers ». C'est pourquoi « elle ne craignait pas l'hiver, car tous ses domestiques avaient double vêtement », comme il est dit de cette femme. Elle était « revêtue de force », prête à résister à toute imperfection et parée de vérité [10]. Aux yeux du monde, extérieurement, elle était dans l'opulence et la gloire, mais intérieurement elle aspirait à la vraie pauvreté. Et quand elle perdit la consolation du dehors, elle se réfugia auprès de Lui, le refuge de toutes les créatures, renonça au monde et à elle-même. Ainsi s'éleva-t-elle au-dessus d'elle-même, méprisant le mépris dans lequel on la tenait, ne s'en souciant aucunement, et préservant sa perfection. Elle ne voulut que soigner et laver les malades et les loqueteux, pour garder le cœur pur.

Que Dieu nous aide de même à « surveiller les sentiers de notre maison et à ne pas manger notre pain dans l'oisiveté ». Amen.

Notes

L'amour nous fait devenir ce que nous aimons

1. Sermon 5a. Les titres ici donnés aux sermons sont de l'éditeur.

2. Citation de saint Thomas d'Aquin, *Summa theologica*, III, 57.

3. À partir de « Voilà pourquoi… », il s'agit de la proposition 11 condamnée comme hérétique par la bulle *In agro domini*, le 27 mars 1329 (voir postface).

4. *In epistulam Johannis ad Parthos*. Ce texte, qui date de 416 après J.-C., fait partie des *Sermons* de saint Augustin.

5. Les passages en italiques correspondent à la proposition 26 condamnée comme suspecte d'hérésie par la bulle *In agro domini*.

6. *Wirken* : œuvrer, opérer.

7. *Weise* : façon, manière, « voie » pour atteindre Dieu.

Les justes

1. Sermon 6.

2. Saint Ambroise, *De officiis ministrorum*, I, 24.

3. Les passages en italiques correspondent à la proposition 8 condamnée par la bulle *In agro domini* ; elle la déclare hérétique.

4. La citation ne vient pas de saint Augustin, mais de Bernard de Clairvaux, *Liber de præcepto et dispensatione*.

5. Citation non identifiée.

6. *Fließt* : coule, émane.

7. *Évangile selon saint Jean*, I, 1.

8. Les passages en italiques correspondent à la proposition 22 condamnée par la bulle *In agro domini* ; elle la déclare suspecte d'hérésie.

9. Saint Paul, *Épître aux Corinthiens*, II ; III, 18.

10. Les passages en italiques correspondent à la proposition 10 condamnée par la bulle *In agro domini* ; elle la déclare hérétique, y compris la citation, qui n'est pas signalée comme telle !

11. *Évangile selon saint Jean*, XV, 14-15.

12. Les passages en italiques correspondent à la proposition 9 condamnée par la bulle *In agro domini* ; elle la déclare hérétique.

13. Allusion à la doctrine des franciscains.

14. *Épître aux Corinthiens*, XIII, 12.

L'Innommable

1. Sermon 28.

2. *Évangile selon saint Jean*, XV, 16.

3. *Évangile selon saint Jean*, XV, 12 et XV, 10.

4. *Évangile selon saint Mathieu*, XIX, 29.

5. *Cf.* « Les justes ».

6. *Pfaffen* : « prêtraillons ».

Les trois facultés de l'âme

1. Sermon 32.

2. *Les Proverbes de Salomon*, Mille et une nuits, Paris, 1995.

3. Il s'agit d'Alcher de Clairvaux, *De spiritu et anima*. L'influence du platonisme est évidente.

4. *Commentaires des Psaumes*, CXLVI, 13 ; *cf.* aussi *In Johannem*, 23, 5.

5. Avicenne, *De anima*, I, 5.

6. *Proverbes*, XXXI, 21.

7. La distinction des trois facultés (ou « puissances », *Kräfte*) de l'âme

et la terminologie correspondante, devenues classiques au Moyen Âge, sont empruntées à saint Augustin. Mais Maître Eckhart, suivant en cela Albert, substitue à la « mémoire » la faculté « irascible » (*irascibilis*), normalement classée avec les deux autres puissances inférieures de l'âme, la « rationnelle » et la « concupiscente ». Il s'explique sur ce point dans le *Sermon* n° 14 : la colère « éblouit l'âme », c'est l'attribut par lequel le Père « entre en guerre par tous les moyens et s'irrite contre le mal ». En effet, on associait couramment les trois puissances citées ici à la fois aux éléments de la Trinité et aux vertus cardinales : la connaissance correspondait au Christ et à la Foi, la mémoire (la faculté irascible chez Eckhart) au Père et à l'Espérance, la volonté à l'Esprit Saint et à la Charité.

8. *Proverbes*, IX, 17.

9. *Confessions*, II, 4.

10. *Proverbes*, XXXI, 25 ; le texte biblique dit : « Revêtue de force et parée de beauté. »

Être unique

Les *Sermons* de Maître Eckhart [1] furent prononcés pour l'essentiel au début du XIVe siècle, à Strasbourg, où le dominicain avait en charge la réforme des études de son ordre. S'ils ne furent jamais imprimés de son vivant, le nombre des manuscrits issus de notes prises par les auditeurs – plus de deux cents – atteste leur succès. Sans doute ses contemporains virent-ils, dans celui que l'on considère aujourd'hui comme le plus remarquable représentant de la « mystique rhénane », plus qu'un simple prédicateur : un véritable maître de sagesse.

Issus du « mouvement de pauvreté » qui avait suscité aux siècles précédents l'hérésie cathare des albigeois et celle des vaudois, les deux ordres de frères prêcheurs tout juste créés [2] ne se livraient pas seulement une guerre d'influence : une divergence théologique et philosophique profonde les opposait. Tandis que les adeptes de saint François privilégiaient l'action sur la recherche intellectuelle, faisant de la liberté (y compris celle de Dieu) le bienfait cardinal, les successeurs de saint Dominique [3] attachèrent dès le début une importance essentielle au savoir et à l'étude. Eckhart fut peut-être à Cologne l'élève d'Albert le Grand

(1193-1280), le « docteur universel », grand introducteur dans l'Occident chrétien des philosophies arabe et grecque, maître de saint Thomas d'Aquin. Il s'opposa en tout cas, au moment où il enseignait à Paris, à Duns Scot (1266-1308), le « docteur subtil » franciscain, qui voulait rabattre les prétentions de la raison à connaître la fin ultime de l'homme. Maître Eckhart est au contraire persuadé qu'il existe une voie vers Dieu, une manière (*Weise*) de l'atteindre dans – et malgré – sa transcendance.

Soucieux, comme Plotin et saint Thomas, de concilier les leçons de la réflexion humaine avec les vérités révélées, le rationnel avec l'irrationnel, il donne, comme ses illustres prédécesseurs, le primat à l'extase sur la méthode. C'est la saisie intuitive de l'indicible qui fonde le discours sur Dieu, et non l'inverse : « Par la connaissance, je l'accueille en moi ; par l'amour, c'est moi qui entre en lui. » [4] L'extase résulte d'une communion, d'une véritable fusion avec la divinité, à laquelle aucun raisonnement, si bien mené soit-il, ne saurait mener directement. Elle est une « percée » (*Durchbrechen*) plus qu'une « émotion » (*Ausfließen*), selon les termes du sermon 52. Le second mouvement désigne la façon dont l'homme « émane » de Dieu, non seulement au sens d'une Création conçue comme épisode biblique et historique, mais en tout lieu et à chaque instant. Le premier renvoie à l'effort propre de l'homme pour « revenir » en Dieu, retrouver l'unité, la complétude et l'éternité perdues. On voit ce que cette conception dynamique de la Trinité, atemporelle et non spatiale, doit à la philosophie platonicienne des archétypes et des

« essences » : Dieu m'engendre constamment, dit Maître Eckhart, comme (*gleich*, « en tant que ») son Fils unique : le miracle de l'incarnation se renouvelle sans cesse. Bien plus : Dieu, selon lui, n'existe que dans ce rapport à sa créature, il n'existerait pas sans elle.

Pour redevenir, à l'égal du Père, cette « cause immobile » (*unbewegliche Ursache*), il faut « percer » les apparences sensibles, les formes et les pièges de l'univers créé, dans lequel Eckhart ne voit que néant et absence de liberté : « *Ce qui est mû de l'extérieur ne vit pas.* »[5] La solution est en nous, non hors de nous : dans ce fond intime de l'âme (« l'étincelle », le « château fort ») qui participe de la divinité. À ceux qui croient gagner leur salut par la simple renonciation à leurs richesses, ou par quelque mortification occasionnelle, il recommande, bien plus radicalement, l'abandon total de soi, une humiliation poussée jusqu'à l'anéantissement de tout désir propre, de toute volonté. Toute recherche de ce qui nous est « extérieur » – y compris la recherche du Bien, de la Gloire, et même de la Vérité – est une impasse dans cette quête. Demander à Dieu le pardon de ses péchés ou le « salaire » (*Lohn*) de ses bonnes actions, c'est se comporter comme un serviteur face à un maître : et comment ces deux personnages pourraient-ils n'en former qu'un ? On ne devient soi qu'en renonçant à soi, en se débarrassant de toute détermination externe, et non en « capitalisant » les vertus. Exigence, on doit le noter, qui n'a rien d'une recherche égoïste : elle débouche au contraire sur une sorte de charité intégrale : « Il te faut, puisqu'il n'y a rien dans la nature humaine d'étranger, ni de lointain, ni de proche, te comporter de la même manière dans la société humaine : aussi proche de tout autre que de toi-même. »[6] Exigence, de même, qui n'a rien à voir avec la quête d'une tranquillité par le vide, d'un *nirvana*, d'une « ataraxie » hédoniste : paradoxalement, faire le vide aboutit à une « complétude » (*Lauterkeit*) : il est ce qui nous manque, en lui nous sommes l'Unique.

Cette démarche de négation généralisée correspond à la doctrine « apophétique » de la théologie négative, dont Eckhart est l'un des plus éminents représentants : les attributs divins ne peuvent s'exprimer de façon positive dans le langage humain ; on ne peut dire ce que Dieu est, on peut seulement dire ce qu'il n'est pas, par une série de réductions successives, de définitions privatives…[7] On a pu remarquer à quel point, dans son style simple et lapidaire, Eckhart évite les images. L'état de la langue vulgaire de son époque, le moyen-haut allemand tardif, plus fertile en termes concrets qu'en termes conceptuels, aurait dû pourtant l'y pousser : mais les métaphores, qu'il s'autorise rarement, seraient encore une concession aux tromperies de l'univers sensible. Le prédicateur leur préfère donc la violence des paradoxes : il s'agit de se détacher, non d'adhérer[8]. Comme chez Platon, les efforts du *logos* – et de l'âme – pour remonter du visible à l'invisible, du corporel à l'incorporel, du sensible à l'intelligible, du multiple à l'un, bref pour retrouver le séjour bienheureux[9], se soldent par une aporie… si l'on ne prend pour guide que les mots et l'intellect. C'est la raison de l'ironie avec laquelle le maître dominicain emprunte au « grand clerc [10] » l'impossible définition de « cette complétude qui n'est ni *dans* le monde ni *hors* du monde, qui n'est ni dans le temps ni dans l'éternité, qui n'a ni intérieur ni extérieur ». À la différence du dialecticien, Eckhart est convaincu, en véritable mystique, qu'il y a une voie vers Dieu, puisque celui-ci tire son être d'un principe qui le dépasse, esprit saint ou « déité », qui le *contraint* à engendrer ces créatures en lesquelles il se retrouve, et *oblige* celles-ci à suivre le chemin en sens inverse.

On mesure l'indignation que de telles théories devaient inspirer à l'ordre concurrent, ardent défenseur du total libre arbitre chez Dieu et chez l'homme. On comprend aussi pourquoi, à la fin de sa vie, Eckhart fut amené à affronter l'Inquisition à l'instigation de l'évêque de Cologne, favorable aux franciscains : tirer d'une citation de saint Augustin (« l'amour nous fait devenir ce que nous aimons ») l'idée que l'homme devient, par la juste dévotion, « égal et semblable » à Dieu, avec *tous* ses attributs de sainteté et d'unicité, ne pouvait qu'inquiéter les censeurs de la foi et les gardiens d'une hiérarchie plus formellement respectueuse. Vingt-huit propositions furent effectivement jugées hérétiques, ou suspectes d'hérésie, par la bulle *In agro domini* de Jean XXII, le 27 mars 1329, peu après la mort du moine. Cette condamnation explique sans doute l'oubli relatif [11] dans lequel furent longtemps tenues ses œuvres, et en particulier ses sermons : seuls, peut-être, les réformés et les quiétistes se souvinrent un peu de lui. C'est d'ailleurs un protestant, Franz Pfeiffer, qui commença à réhabiliter Maître Eckhart en publiant ses textes allemands… en 1857, tandis que le dominicain H. S. Denifle rééditait en 1886 ses ouvrages latins. L'intérêt croissant qu'il suscite de nos jours dépasse de loin la sphère des théologiens : sa philosophie représente une véritable synthèse de l'intellectualisme thomiste et du néo-platonicisme de Plotin et saint Augustin ; on a pu la rapprocher de l'idéalisme de Hegel, qui l'apprécia fort, de même que Schopenhauer [12]. La philosophie analytique anglo-saxonne a vu en lui un précurseur du « premier » Wittgenstein [13].

JÉRÔME VÉRAIN

1. Avec quelques courts traités (*Entretiens sur le discernement spirituel, De la consolation divine, De la noblesse de l'homme, Du détachement*), les 86 *Predigten* constituent la part allemande de son œuvre. Les ouvrages rédigés en latin (*Traité de l'oraison dominicale, Commentaires sur le Livre des Sentences, Questions parisiennes*, etc.) contiennent une réflexion théologique beaucoup plus « technique », marquée par le langage et les enjeux de la scolastique.

2. La règle des franciscains est édictée dès 1223, du vivant donc de saint François d'Assise (1182-1226) ; l'ordre ne reçoit son organisation institutionnelle définitive qu'en 1322 (bulle *Ad conditorem* du pape Jean XXII). La règle des dominicains est fixée en 1215, au chapitre de Toulouse. À l'époque de Maître Eckhart, ces derniers comptent environ 15 000 moines et moniales répartis dans toute l'Europe. Les effectifs des franciscains représentent environ le triple.

3. Dominique de Caleruega (mort en 1221 à Bologne).

4. « Les Justes ».

5. « L'amour nous fait devenir ce que nous aimons. »

6. *Ibidem.*

7. Exactement comme, en géométrie, on définit la surface comme ce qui n'a pas de volume, la ligne comme ce qui n'a pas d'étendue, etc. La méthode vient en droite ligne de l'abstraction (*aphairesis*) aristotélicienne.

8. La scolastique, qui imprégnait la vie intellectuelle à son époque, n'est sans doute pas étrangère à ce goût des formules subtiles et dérangeantes. Il convient donc de les saisir avec précision. Quand Eckhart, par exemple, définit l'engendrement de la femme comme un défaut de la nature, faut-il le taxer de mysogynie, puisqu'il la définit alors comme œuvre de Dieu, et non de ladite nature ?

9. *Cf.* le *Cratyle*, où Socrate, entre autres étymologies faussement fantaisistes, fait du « corps » (*sôma*) le « tombeau » (*sêma*), le « signe » (*sèma*) et la « prison » (*sôma*) de l'âme, retenue dans ses chaînes terrestres après sa chute du ciel.

10. « L'Innommable ».

11. Eckhart eut pourtant des disciples, au premier rang desquels Jean Tauler (vers 1300-1361) et Heinrich Suso (vers 1295-1366).

12. Sans parler de la « récupération » délirante d'Alfred Rosenberg, pour qui « le message joyeux de la mystique allemande […], l'essence la plus intime, la plus délicate de notre race et de notre culture », a été « étouffé par une Église ennemie de l'Europe ». Malgré la malveillance du « Jawve syrien dans la personne de son "représentant", le Pape étrusque », elle a permis, dit l'auteur, « la renaissance de l'homme germanique. Eckhart est bien le fondateur d'une nouvelle religion […] débarrassée de ces concepts étrangers venus de la Syrie, de l'Égypte et de Rome ». C'est Maurice de Gandillac qui cite en note (et traduit ?), sans réserve, ce bel échantillon de pangermanisme et de racisme nazi, extrait du *Mythus des XX. Jahrhunderts* (Münich, 1935), dans son introduction à l'édition des *Traités et Sermons* de Maître Eckhart (Aubier Montaigne, Paris, 1942).

13. Celui du *Tractatus logico-philosophicus* (1921), tout entier consacré aux limites du langage naturel, qui se conclut par la formule célèbre : « À propos de ce dont on ne peut parler, il faut se taire. » On sait que dans ses *Recherches philosophiques* (publication posthume, 1953) Wittgenstein retrouvera au contraire la confiance dans le simple emploi, modeste et humain, du langage, avec toutes ses ambiguïtés et imperfections.

Vie de Maître Eckhart

Vers 1260. Naissance de Johannes Eckhart à Hochheim, en Thuringe. Il est issu d'une famille de petite noblesse.

Vers 1275. Il entre chez les dominicains d'Erfurt. Plus tard, il suit, à Cologne, dans le *Studium generale* fondé par Maître Albert, des études de philosophie et de théologie.

1293. Eckhart est lecteur au couvent Saint-Jacques, à Paris.

1298. Il est nommé prieur d'Erfurt, puis vicaire provincial de Thuringe.

1302. Maître Eckhart enseigne en tant que *magister actu regens* (chaire réservée aux étrangers) à l'université de Paris. Il engage une polémique contre les thèses du franciscain Duns Scot.

1303. À la suite de son refus de signer l'acte d'appel au concile de Philippe le Bel, dirigé contre le pape Boniface VIII, il est expulsé de France.

1304. Il est nommé provincial de Saxe.

1307. En mai, Eckhart participe au chapitre général de Strasbourg, qui le nomme vicaire général de Bohême : un domaine qui s'étend des pays-Bas à Prague.

1311. De retour à Paris, Eckhart supervise la réforme des études décidée par les dominicains au chapitre de Plaisance (1310).

1314. Il supervise les études des dominicains à Strasbourg, et prêche dans les couvent de moniales : c'est l'époque des *Sermons*. Eckhart commence sans doute la rédaction de l'*Opus tripartitum*, pièce maîtresse de son œuvre latin.

1323. Canonisation de Thomas d'Aquin.

1324. Louis le Bavarois, roi d'Allemagne depuis dix ans, se fait couronner empereur contre la volonté du pape d'Avignon, Jean XXII, auquel les dominicains restent fidèles. De retour à Cologne, Eckhart occupe la chaire de théologie du *Studium generale*. Il s'oppose à l'archevêque de la ville, Henri II de Virnebourg, favorable aux franciscains.

1325. Suspecté d'hérésie, Eckhart rédige une première apologie de sa doctrine.

1326. À l'instigation de l'archevêque de Cologne, deux inquisiteurs, Maître Reyner et Pierre de Estate, déposent durant l'été une première liste de 49 propositions extraites des traités et des sermons de Maître Eckhart, jugées dangereuses. Le 26 septembre, l'intéressé conteste la compétence des inquisiteurs et l'authenticité de certaines propositions. Une nouvelle liste de 59 propositions est établie contre lui.

1327. Maître Eckhart interjette appel auprès du Saint-Siège le 24 janvier. Cet appel sera rejeté par le tribunal de Cologne le 22 février. Entre-temps (13 février), Eckhart a fait une protestation publique d'orthodoxie. Il se rend à Avignon pour plaider sa cause directement auprès du pape. C'est peut-être dans cette ville qu'il meurt, à moins qu'il ne soit revenu à Cologne.

1329. Le 27 mars, la bulle *In agro domini* du pape Jean XXII condamne 28 propositions de Maître Eckhart (sur la centaine proposée par le tribunal de Cologne) : 17 pour hérésie, les 11 autres comme suspectes d'hérésie.

Repères bibliographiques

ŒUVRES DE MAÎTRE ECKHART

◆ *Dieu au-delà de Dieu, Sermons,* traduction Gwendoline Jarczyk
  et Pierre-Jean Labarrière, 2 volumes, Albin Michel,
  1998 (I), 1999 (II).

◆ *Du détachement : et autres textes,* Rivages, Petite Bibliothèque, 1995.

◆ *Du miracle de l'âme,* Calmann-Lévy, 1996.

◆ *Meisters Eckhart Werke,* 2 vol., Deutscher Klassiker Verlag,
  Francfort-sur-le-Main, 1993.

◆ *Œuvres de Maître Eckhart, Sermons et Traités,* traduction Paul Petit,
  Gallimard, 1942 ; rééd. coll. Tel, 1988.

◆ *Poème (Granum sinopis, « Le Grain de sénevé »),* traduction Alain de
  Libera, Arfuyen, Paris, 1988.

◆ *Sermons,* traduction Jeanne Ancelet-Hustache, 3 vol., Seuil,
  1974 (I), 1978 (II), 1979 (III).

◆ *Traités,* traduction Jeanne Ancelet-Hustache, Seuil, 1971 ;
  réédition 1996.

◆ *Traités et Sermons,* traduction F. Aubier et J. Molitor, Aubier
  Montaigne, 1942.

◆ *Traités et Sermons,* traduction Alain de Libera, Garnier-
  Flammarion, 1993.

ÉTUDES SUR MAÎTRE ECKHART

- ANCELET-HUSTACHE (Jeanne), *Maître Eckhart et la mystique rhénane*, Seuil, 1978.

- BOLOGNE (Jean-Claude), *Les Sept Vies de Maître Eckhart*, Rocher, 1997.

- BRUNNER (Fernand), *Eckhart*, Seghers, 1969.

- COGNET (Louis), *Introduction aux mystiques rhéno-flamands*, Desclée, 1968.

- JARCZYK (Gwendoline), LABARRIERE (Pierre-Jean), *Maître Eckhart ou l'empreinte du désert*, Albin Michel, 1995.

- LIBERA (Alain de), *Eckhart, Suso, Tauler et la divinisation de l'homme*, Bayard, 1996.

- LIBERA (Alain de), *Maître Eckhart et la mystique rhénane*, Cerf, 1999.

- LIBERA (Alain de) et ZUM BRUNN (Émilie), *Maître Eckhart : métaphysique du Verbe et théologie négative*, Beauchêne, 1984.

Mille et une nuits propose des chefs-d'œuvre pour le temps
d'une attente, d'un voyage, d'une insomnie…

La Petite Collection (*extraits du catalogue*). 250. Bartolomé de
LAS CASAS, *Très brève relation de la destruction des Indes.*
251.Jean-Baptiste BOTUL, *La Vie sexuelle d'Emmanuel Kant.*
252. Guy de MAUPASSANT, *Pierre et Jean.* 253. William
SHAKESPEARE, *Sonnets.* 254. John STEINBECK, *Les Bohémiens des
vendanges.* 255. Léonard de VINCI, *Prophéties facétieuses.*
256. Philippe SOLLERS, *Un amour américain.* 257. José
SARAMAGO, *Comment le personnage fut le maître et l'auteur son
apprenti.* 258. Ismaïl KADARÉ, *L'Aigle.* 259. Patrick SÜSKIND,
Le Testament de Maître Mussard. 260. Christine ANGOT, *L'Usage
de la vie.* 261. Tommaso CAMPANELLA, *La Cité du Soleil.* 262.
Peter SLOTERDIJK, *Règles pour le parc humain.* 263. Émile ZOLA,
L'Attaque du moulin. 264. Zoé VALDÉS, *Soleil en solde.*
265. Khalil GIBRAN, *Le Jardin du Prophète.* 266. Viviane FOR-
RESTER, *Mains.* 267. COLETTE, *La Lune de pluie.* 268. JEAN DE
LA CROIX, *Poésie.* 269. Washington IRVING, *Sleepy Hollow. La
Légende du Cavalier sans tête.* 270. Claude CRÉBILLON, *Le Sylphe.*
271. O. HENRY, *Attaque de train : mode d'emploi et autres nou-
velles du Far West.* 272. Robert BURTON, *Digression sur l'air
(Anatomie de la mélancolie).* 273. Alina REYES, *L'Exclue.*
274.Victor SEGALEN, *Peintures.* 275. La METTRIE, *L'Homme-
machine.* 276. Charles BAUDELAIRE, *Le Spleen de Paris (Petits
Poèmes en prose).* 277. Xavier de MAISTRE, *Voyage autour de ma
chambre.* 278. J.-B. POUY/Patrick RAYNAL, *Chasse à l'homme.*
279. Johann Wolfgang GOETHE, *Élégies romaines.* 280. *Le Livre de
Job.* 281. François VILLON, *Le Testament.* 282. SÉNÈQUE, *La Vie
heureuse.* 283. ARISTOTE, *Invitation à la philosophie.*
284. Hubert HADDAD, *L'Âme de Buridan.* 285. Edgar POE, *Les
Lunettes.* 286. Choderlos de LACLOS, *Des femmes et de leur édu-
cation.* 287. Pierre LOTI, *Suleïma.* 288. Friedrich NIETZSCHE,
Deuxième Considération intempestive. 289. Khalil GIBRAN,
Le Précurseur. 290. Michel de Montaigne, *Des Cannibales.* 291.
Arthur RIMBAUD, *Album zutique.* 292. Maître ECKHART, *L'amour
nous fait devenir ce que nous aimons.* 293. Edmond ABOUT,
Le Nez d'un notaire. 294. Edith WHARTON, *Xingu.*

Pour chaque titre, le texte intégral, une postface,
la vie de l'auteur et une bibliographie.

49-40-4587-02/9
N° d'édition 32283
Achevé d'imprimer en février 2003
sur papier Ensoclassique par G. Canale & C. SpA (Turin, Italie).